少林秘传绝技丛书

# 少林罗汉拳技击秘传

张鸿韬　著

人民體育出版社

**图书在版编目(CIP)数据**

少林罗汉拳技击秘传 / 张鸿韬著
. - 北京：人民体育出版社，2019
(少林秘传绝技丛书 / 邓方华主编)
ISBN 978-7-5009-5564-1

Ⅰ. ①少… Ⅱ. ①张… Ⅲ. ①少林拳-基本知识
Ⅳ. ①G852.15

中国版本图书馆 CIP 数据核字（2019）第 087579 号

*

人民体育出版社出版发行
中国铁道出版社印刷厂印刷
新 华 书 店 经 销

*

880×1230 32 开本 6.125 印张 155 千字
2019 年 9 月第 1 版 2019 年 9 月第 1 次印刷
印数：1—4,000 册

*

ISBN 978-7-5009-5564-1
定价：29.00 元

社址：北京市东城区体育馆路 8 号（天坛公园东门）
电话：67151482（发行部） 邮编：100061
传真：67151483 邮购：67118491
网址：www.sportspublish.cn
（购买本社图书，如遇有缺损页可与邮购部联系）

## 丛书插图制作

（排名不分先后）

| | | |
|---|---|---|
| 邓方华 | 高　翔 | 凌　召 |
| 潘祝超 | 谢静超 | 赵爱民 |
| 黄守献 | 王松峰 | 李贡群 |
| 高　绅 | 黄冠杰 | 黄婷婷 |

# 总 序

2017年1月25日，中共中央办公厅、国务院办公厅印发了《关于实施中华优秀传统文化传承发展工程的意见》（以下简称《意见》），并发出通知，要求各地区各部门结合实际认真贯彻落实，体现了党和政府对中华优秀传统文化的重视。

在国民教育方面，《意见》提出：加强中华优秀传统文化相关学科建设，重视保护和发展具有重要文化价值和传承意义的“绝学”、冷门学科。在保护传承文化遗产方面，《意见》提出：推动民族传统体育项目的整理研究和保护传承。

中华武术有着几千年发展的历史，是中华民族在社会实践中创造的宝贵财富，是中华文化的重要组成部分。少林武术作为中华传统武术的优秀代表，其秘传绝技与武学秘籍一直是武术爱好者竞相学习和研究的对象。目前在国家的重视下，少林武术发展形势良好，但也存在可供学习的少林武术书籍相对较少的问题，因此，需要对少林武术的相关技艺进行整理出版，使中华武术进一步发扬光大。

《少林秘传绝技丛书》应运而生。本系列丛书依据“健康第一”的教育理念和“便于传承与发展”的要求，邀请有关专家参与编写，披露了少林武术的多种秘法绝艺。先期出版的有《少林点穴绝技》《少林擒拿绝技》《少林擒跌绝技》《少林短打绝技》《少林腿法绝技》《少林古传擒拿与点穴》《少林古传技击术》《少林八段锦古传秘功》《少林易筋经古传秘功》等12本，后续还会出版相关系列图书。这套丛书既可作为武术爱好者学习研究的参考用书，也可作为各级各类武术教员的教学用书。

本系列丛书注重图文并茂，避免抽象化和纯理论化，意在提高现代武术爱好者的学习兴趣；立足于理论联系实际，突出学以致用要则；力求简洁明晰，便于阅读，便于练习。当然，不足之处在所难免，欢迎读者批评指正，以利今后进一步充实与完善。

# 内容提要

1. 少林罗汉拳，少林四大名拳之一。此拳模拟罗汉之形，融汇技击攻防，招法独特，实战性强。其诀曰："头如波浪，手似流星。身如杨柳，脚似醉汉。出于心灵，发于性能。似刚非刚，似实而虚。久练自化，熟极自神。"

2. 罗汉拳技击，主要分为小、大、巧、猛几类招法，各有偏重，各有妙用。本书招法属独门秘传，今首次披露。

3. 小罗汉手，又被誉为“罗汉小神打”，其动作简单，利于学练；招法精湛，利于实战；打法多变，神妙莫测。

4. 大罗汉手，动作舒展，劈挂抡转，放长击远，招法连环。

5. 巧罗汉手，风格独特，柔化刚发，招法细腻，灵活巧妙。因其为十八势，又称“罗汉巧手十八打”。

6. 猛罗汉手，拳脚并用，多用腿击，力大势猛，攻击性强，是罗汉拳重要的实战招法。

# 目 录

# 第一章

## 小罗汉手（四十八势）

本章打法，乃作者师承秘传，与众不同，共四十八手。今首次披露，与同道共研。

豫东罗汉拳传人，常把小罗汉手誉为“罗汉小神打”，乃因其动作简单，利于学练；招法精湛，利于实战；打法多变，神妙莫测。

# 一、头

1. 敌（图中有发者为假想敌方，下同）滑步进身，右拳击打我腹部。我迅疾后滑步，右旋身，左臂前裹，格挡敌右前臂外侧，将敌拳攻击力化解。（图1–1）

图1–1

2. 随即，左脚前移步，头向前顶撞敌面部，将敌击伤。（图1–2）

图1–2

## 二、肩

1. 敌滑步进身，右拳击打我面部。我迅疾后滑步，上起右手，用右前臂外侧格挡敌右前臂外侧，阻截敌拳攻击。（图1–3）

图1–3

图1–4

2. 随即，我左掌向前上挑，用左臂外侧移挡敌右臂内侧；同时，右脚向前上步于敌右腿后侧方，右肩抵敌右胸侧。（图1–4）

3. 动作不停，我猛然抖劲发力，肩部拱撞敌右胸，将敌跌出。（图1–5）

图1–5

## 三、胯

1. 敌滑步进身，右拳击打我面部。我迅疾后滑步，沉身坐马，左掌上起，用掌背格敌右腕内侧，阻截敌拳攻击。（图1–6）

图1–6

2. 随即，我右掌向前上提推向敌面部，右脚上步于敌右腿后侧，右大胯外侧贴敌右胯外侧。（图1–7）

图1–7

3. 动作不停，我右胯猛然发劲靠撞敌右大腿，将敌跌出。（图1–8）

图1–8

# 四、足

1. 敌左脚向前跨步进身，右拳击打我面部。我迅疾后滑步，沉身坐马，左掌上托格架敌右前臂外侧，化解敌拳攻击。（图1-9）

图1-9

图1-10

2. 随即，我左掌格敌右臂向右拦；同时，右转身，右脚踹击敌右肋部，将敌踢倒在地。（图1-10）

## 五、捶

1. 敌左脚向前跨步进身，左拳击打我面部。我迅疾将左脚向后撤退一步，右掌前伸，用掌棱格敌左前臂内侧，阻截敌拳攻击。（图1–11）

图1–11

2. 随即，我右掌外旋压敌左臂；同时，滑步进身，左拳冲击敌咽喉。（图1–12）

图1–12

## 六、肘

1. 敌左脚向前跨步进身，左拳击打我面部。我迅疾将左脚向后撤退一步，沉身坐马，右掌上起，用掌背格敌左前臂内侧。（图1-13）

图1-13

图1-14

2. 随即，我左手前伸，抓敌左腕，向左侧牵拉，同时，滑步进身，右臂屈肘向前直捣敌左腋窝。（图1-14）

## 七、贴

1. 敌滑步进身，右拳击打我面部。我迅疾将左脚向后撤退一步，沉身坐马，右掌上起，格敌右前臂外侧，阻截敌拳攻击。（图1–15）

图1–15

2. 随即，我右掌外旋，抓敌右腕向右前拉；同时，左脚上步于敌右脚后侧，左臂屈肘裹臂，靠击敌右上臂后侧。（图1–16）

图1–16

3. 动作不停，我右手拽拉，左臂旋靠，将敌向右侧后方掼摔而出。（图1-17）

图1-17

## 八、坐

1. 敌滑步进身，右拳击打我面部。我则迅疾将左脚向后撤退一步，左掌向前上提，用左前臂外侧格挡敌右前臂内侧，阻截敌拳攻击。（图1-18）

图1-18

2. 随即，我左转身，左脚向后弧形退步于敌裆前，背对敌，左掌向后拦敌胸部。（图1–19）

图1–19

3. 动作不停，我臀部向后猛坐敌右大腿，将敌跌出。（图1–20）

图1–20

## 九、推

### （一）外推

1. 敌滑步进身，右拳击打我面部。我迅疾将左脚向后撤退一步，右手上起，用掌背反拍敌右前臂外侧，阻截敌拳攻击。（图1–21）

图1–21

图1–22

2. 随即，我右掌贴敌右腕外旋压，左掌按敌右肩膀外侧。（图1–22）

3．动作不停，我两掌抖劲发力，将敌推跌而出。（图1–23）

图1–23

## （二）推打

1. 敌滑步进身，右拳击打我面部。我将左脚后撤一步，沉身坐马，避过敌拳攻击。（图1–24）

图1–24

2. 随即，我右脚前移步，双掌向前按敌右上臂及肩膀内侧。（图1-25）

图1-25

3. 猛然发力向前推打，致敌歪倒。（图1-26）

图1-26

# 十、拖

1. 敌滑步进身，右拳击打我面部。我迅疾将左脚向后撤退一步，右掌上起，用右前臂外侧拦格敌右前臂外侧。（图1–27）

图1–27

2. 随即，我右掌外旋，压敌右拳背，左掌托敌右上臂外侧，右脚向后撤退一步。（图1–28）

图1–28

3. 动作不停，双手随撤步，猛然抓敌右臂向右后下抖劲拖拽，将敌向右后侧方摔出。（图1-29）

图1-29

## 十一、按

1. 我右脚跨步进身，右拳反背击打敌头部右侧。敌后滑步，上起右掌，用右前臂外侧格拦我右前臂外侧。（图1-30）

图1-30

2. 敌滑步进身，猛然俯身，双臂抱我腰臀部，欲使摔法。（图1–31）

图1–31

3. 我迅疾右拳下砸敌左颈侧。（图1–32）

图1–32

4. 动作不停，我右脚向后撤退一步，左掌按敌左侧后背，同时，右转身将敌向右后侧方摔出。（图1–33）

图1–33

## 十二、擒

1. 敌滑步进身，右拳击打我面部。我将左脚后撤一步，上起右掌拦格于敌右前臂外侧，阻截敌拳攻击。（图1–34）

图1–34

2. 随即，我右掌外旋，扣指按敌右拳背；同时，左脚上步于敌右脚内侧，左掌向前上托敌右上臂下侧。（图1–35）

图1–35

3. 接着，我右手拿敌右拳，左脚右收，右脚经左脚后侧绕步，右转身一周之际，将敌右臂反拧。（图1–36）

图1–36

4. 动作不停，我左手收至右手前，合拿敌右拳；同时，右脚向右后撤退一步，双手抖劲将敌擒拿。（图1–37）

图1–37

## 十三、扳

1. 敌滑步进身，右拳击打我面部。我迅疾将左脚向后撤退一步，起左掌格敌右前臂内侧，阻截敌拳攻击。（图1–38）

图1–38

2. 随即，我左掌外划，右脚上步于敌右脚内侧，右掌推击其右肩前内侧。（图1-39）

图1-39

3. 接着，我右手左收，与左手合拿敌右腕，同时，右脚跨过敌右脚背，左脚向前弧形绕步于敌身后，右转身，双手将敌右臂扳扭，控在敌后背上。（图1-40）

图1-40

4. 动作不停，我松两手，左手抓敌臀后，右掌按其后脑，同时向前用力扳压，将敌掼摔而出。（图1-41）

图1-41

## 十四、摇

1. 敌滑步进身，右拳击打我面部。我将左脚后撤一步，左掌向前阻截敌右前臂内侧。（图1-42）

图1-42

2. 随即，我右脚向前一步，两掌向前抱夹敌腮部。（图1–43）

图1–43

3. 动作不停，我两掌抱敌腮，抖劲发力进行前后左右摇动，致敌颈椎伤折。（图1–44、图1–45）

图1–44

图1–45

# 十五、拐

## （一）横肘

1. 敌滑步进身，右拳击打我面部。我迅疾将左脚向后撤退一步，左掌前起，用左前臂架格敌右前臂下侧，阻截敌拳攻击。（图1-46）

图1-46

图1-47

2. 随即，我左掌猛然压敌右前臂，同时，右脚前移步，上身左转，右臂屈肘横扫敌左颈侧，将敌击仆。（图1-47）

## （二）挑肘

1. 敌滑步进身，右拳击打我面部。我迅疾将左脚向后撤退一步，左掌前起向外拦敌右拳，将敌拳攻击力化解。（图1-48）

图1-48

2. 随即，我右脚前移步，右臂屈肘向前上挑敌咽喉，将敌重创。（图1-49）

图1-49

## 十六、靠

### （一）内靠

1. 敌滑步进身，右拳击打我面部。我迅疾将左脚向后撤退一步，左掌前起格敌右前臂内侧，化解掉敌拳攻击力。（图1–50）

图1–50

图1–51

2. 随即，我右脚上步于敌右脚内侧，同时，右肩前靠敌右胸及右肩膀，抖劲发力向左旋，将敌靠摔而出。（图1–51）

## （二）外靠

1. 敌滑步进身，右拳击打我胸部，我迅疾将左脚向后撤退一步，起右掌拦敌右拳背，同时，左掌格按敌右上臂外侧。（图1-52）

图1-52

2. 动作不停，我右脚前移步，右肩前靠，撞击敌右肩后背，将敌跌出。（图1-53）

图1-53

## 十七、搂

### （一）防右拳

1. 敌滑步进身，右拳击打我腹部。（图1–54）

图1–54

图1–55

2. 我右脚后撤步，沉身坐马之际，右手下搂敌右拳腕外侧，将敌拳攻击力化解。（图1–55）

3. 也可以右转身，用左臂从左向右格敌右前臂外侧，将其攻击力化解。（图1–56）

图1–56

## （二）防左拳

1. 敌左脚上步进身，左拳击打我腹部。（图1–57）

图1–57

2. 我将左脚向后撤退一步，左转身，右臂格敌左前臂外侧。（图1–58）

图1–58

3. 动作不停，我迅疾裹臂，将敌拳攻击力化解。（图1–59）

图1–59

# 十八、甩

## （一）防左拳

1. 敌左进步，左拳击打我腹部。我迅疾后滑步，沉身坐马，同时，右掌下拍敌右拳，将敌攻击力化解。（图1–60）

图1–60

2. 动作不停，我左脚前移步，同时，左掌背向前横击敌右颈侧耳根。（图1–61）

图1–61

## （二）防右拳

1. 敌滑步进身，右拳击打我胸部，我左脚向后撤退一步，右脚收步成右吊马，同时，左掌按敌右前臂，阻截敌拳攻击力。（图1-62）

图1-62

2. 动作不停，我右脚进步，同时，右掌向前反背掌横击敌左耳根。（图1-63）

图1-63

# 十九、跳

## （一）右脚腾法

1. 敌滑步进身，右拳击打我胸部。我迅疾上起双手抓敌右拳及前臂，沉身蓄势，猛然向下拽拖。（图1–64）

图1–64

2. 动作不停，我猛然放开敌右臂，右脚弹地腾起，踢敌咽喉，将敌踢翻跌出。（图1–65）

图1–65

## （二）左脚腾法

1. 敌滑步进身，右拳击打我胸部。我迅疾起两手抓按敌右拳臂下拖，同时，向后缩身蓄势。（图1–66）

图1–66

2. 动作不停，我迅疾放开敌右臂，腾起左脚踢击敌咽喉，将敌踢翻跌出。（图1–67）

图1–67

## 二十、封

1. 我右上步进身，右拳击打敌胸部。敌略收身，左掌上挑，用左前臂格挡我右腕内侧。（图1–68）

图1–68

2. 敌左脚移步，右脚跨入我左脚前侧，同时，左掌压我右臂，伸右臂抱我腰部。（图1–69）

图1–69

3. 我迅疾起两手，从胸前沿腹部下插，两腕臂格于敌两前臂内侧，猛然沉身后坐，将敌两手封于外门。（图1–70）

图1–70

## 二十一、撩

1. 我垫步进身，以在前的右脚向前踢击敌裆部，为前踢法。（图1–71）

图1–71

2. 敌退身避过时，我随即以在后的左脚踢击敌裆部，为后踢法。（图1–72）

图1–72

## 二十二、弹

1. 敌右进步，右拳击打我面部。我迅疾上提右拳，格挡敌右前臂外侧，同时，将右腿屈膝提起。（图1–73）

图1–73

图1–74

2. 动作不停，我右腿伸膝前弹，踢击敌裆部。（图1–74）

## 二十三、扫

1. 敌滑步进身，右拳击打我面部。我左脚向后撤退一步，右手上起，用右前臂外侧拦格敌右前臂外侧。（图1–75）

图1–75

2. 随即，我右掌外旋，拦压敌右臂，同时，起左脚向前扫踢敌右脚后跟部。（图1–76）

图1–76

3. 动作不停，我左脚向右落地，使敌失去重心跌出。（图1–77）

图1–77

## 二十四、挂

1. 敌滑步进身，右拳栽击我腹部。我迅疾后滑步，右臂下格敌右拳腕外侧。（图1–78）

图1–78

2. 随即，我右手上翻击敌面部。敌旋转右臂阻截我右臂。（图1–79）

图1–79

3. 动作不停，我左旋转身，同时，左腿挂踢敌胸部。（图1–80）

图1–80

# 二十五、顺步捶

## （一）左捶

1. 敌滑步进身，右拳击打我面部。我迅疾将左脚向后撤退一步，右掌向前上挑，格挡于敌右前臂外侧，阻截敌拳攻击。（图1-81）

图1-81

2. 随即，我右掌外旋，抓敌右腕，同时，左脚进敌右腿后侧，左拳横击敌后脑。（图1–82）

图1–82

## （二）右捶

1. 敌左脚向前跨步进身，左拳击打我面部。我后滑步，避敌拳锋芒之际，左掌向前架拦敌左前臂外侧。（图1–83）

图1–83

2. 随即，我左掌外旋，扣指抓拿敌腕，同时，右脚上步于敌左腿后侧方，右拳击打敌左耳后侧头部。（图1–84）

图1–84

## 二十六、拗步捶

### （一）左捶

1. 敌滑步进身，右拳击打我面部。我左脚向后撤退一步，沉身坐马，右掌向前拦格敌右前臂外侧。（图1–85）

图1–85

2. 随即，我右掌外旋拦格敌右腕，同时，右脚前移步，左拳击打敌右肋角。（图1–86）

图1–86

## （二）右捶

1. 敌左脚向前跨进一步，左拳击打我面部。我后滑步，避敌拳锋芒之际，左掌向前拦格敌左腕外侧。（图1–87）

图1–87

2. 随即，我左掌外旋，扣指拿敌腕，同时，右拳击打敌左肋角。（图1–88）

图1–88

## 二十七、抖拧捶

1. 敌左脚向前跨步进身，左拳击打我面部。我后滑步，左掌向前外拦敌左前臂外侧。（图1–89）

图1–89

2. 随即，我左脚前移，左掌外旋拿敌左腕，同时，右拳击敌腰部。（图1-90）

图1-90

3. 动作不停，我右脚上步于敌左腿后侧，右拳贴敌腰部抖击旋拧，伤敌肾脏。（图1-91）

图1-91

## 二十八、翻身捶

1. 敌滑步进身，右拳击打我面部。我迅疾将左脚向后撤退一步，右掌挑向前上，用右前臂内侧格敌右前臂外侧。（图1–92）

图1–92

图1–93

2. 随即，我左脚上步于敌右脚内侧，同时，右掌外旋拿敌腕向右牵拉，左拳击打敌腰部。（图1–93）

3. 动作不停，我迅疾右旋转体，双手同时发力，将敌向右侧摔出。（图1–94）

图1–94

## 二十九、提拦捶

1. 敌滑步进身，右拳击打我面部。我迅疾后滑步，左拳向前上提，用左臂内侧拦格敌右前臂内侧，阻截敌拳攻击。（图1–95）

图1–95

2. 随即，我左手变掌外旋拿敌右腕，左脚前移步，同时，右拳向前提打敌下颌。（图1-96）

图1-96

## 三十、撩阴捶

### （一）内格

1. 敌滑步进身，右拳击打我面部。我迅疾将左脚向后撤退一步，沉身坐马，同时，左掌前挑，用掌背格拦敌右腕内侧。（图1-97）

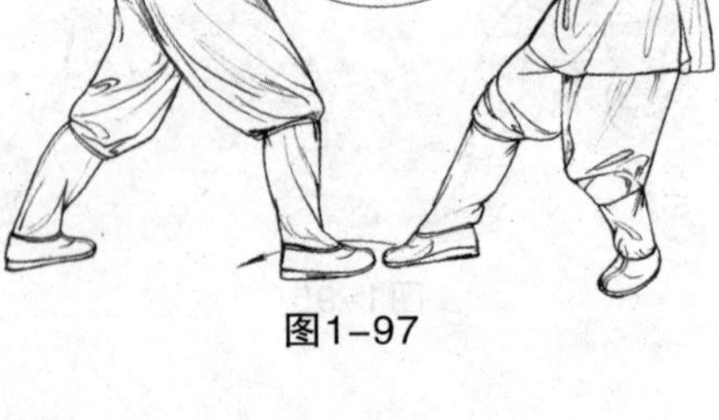

图1-97

2. 随即，我左掌外旋，拿敌右腕，同时，右脚上步于敌右脚内侧，右拳向前撩击敌裆部，将其重创。（图1–98）

图1–98

图1–98附图

## （二）外格

1. 敌滑步进身，右拳击打我面部。我迅疾将左脚向后撤退一步，右掌上格于敌右拳背，左掌拍敌右肘外侧。（图1–99）

图1–99

2. 动作不停，我左掌向右推敌右肘，同时，右脚上步于敌左脚内侧，右拳向前撩击敌裆部，将敌重创。（图1-100）

图1-100

## 三十一、飞星捶

1. 敌滑步进身，右摆拳横扫我头部。我迅疾将左脚向左摆步，左倾身避过敌拳攻击。（图1-101）

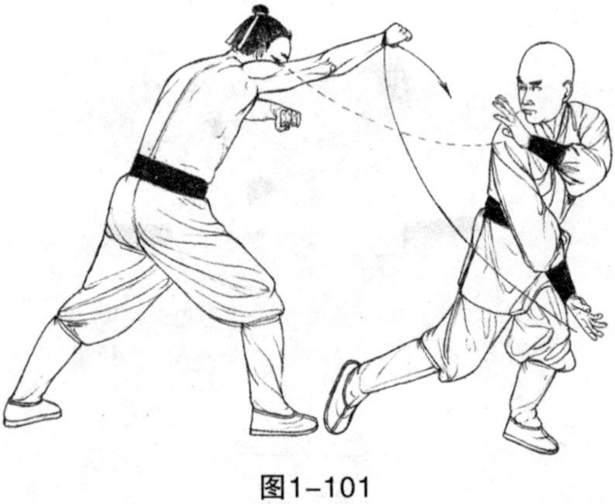

图1-101

图1-102

2. 随即，我右旋身，右掌向右上甩臂旋划，抓敌右腕向右旋拽，同时，左拳横击敌右侧后脑，将敌打扑而出。（图1-102）

## 三十二、黑虎捶

### （一）外侧法

1. 敌滑步进身，右拳击打我腹部。我迅疾将左脚向后撤退一步，左旋身，右脚收步于左脚内侧成丁步，同时，右掌向下、向后拦格敌右前臂外侧，将敌拳攻击力化解。（图1-103）

图1-103

2. 随即，我右手后划，抓敌右腕向右后牵带，右转身，右腿屈膝提起，左倾身之际，左拳向前掏击敌右腋窝。（图1–104）

图1–104

## （二）内侧法

1. 敌左脚向前跨步进身，左拳击打我腹部。我迅疾向后撤退左脚一步，右脚收于左脚内侧成丁步，同时，右手向下、向后拦敌左拳。（图1–105）

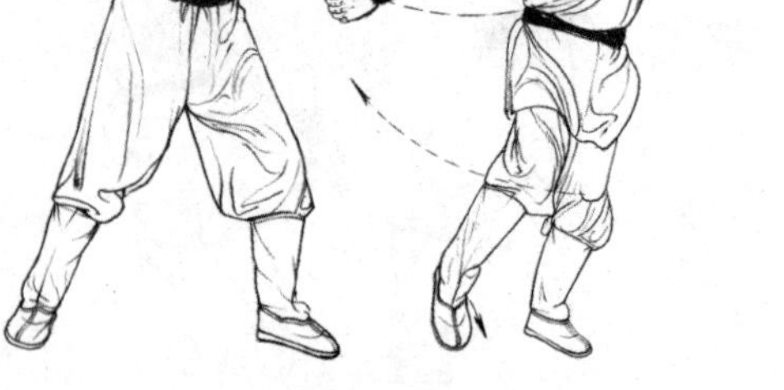

图1–105

2. 动作不停，我右手向右后划，拿敌左腕，同时，右转身，左腿屈膝向前提起，左拳向前掏击敌左腋窝。（图1–106）

图1–106

## 三十三、迎门踢

1. 敌滑步进身，右掌向前劈击我面部。我迅疾将左脚向后撤退一步，右掌上起，用右腕外侧格架敌右腕外侧。（图1–107）

图1–107

2. 随即，我左脚向前弹踢敌右膝正面（此为低位踢法）。（图1–108）

图1–108

或在敌左拳攻击时，我左掌上拦敌腕外侧，同时，起右腿弹踢敌左肋（此为中位踢法。也可高踢敌之面门）。（图1–109）

图1–109

# 三十四、割草踢

1. 敌滑步进身，右拳击打我面部。我迅疾将左脚向后撤退一步，上起右掌用右前臂外侧拦格敌右前臂外侧。（图1–110）

图1–110

2. 随即，我左掌按压敌右前臂，并向左下压外撇，同时，左脚擦地向前扫踢敌左脚后跟，将其扫倒。（图1–111）

图1–111

# 三十五、倒钩踢

1. 敌滑步进身，右拳击打我面部。我迅疾将左脚向后撤退一步，右手上起，用右前臂外侧拦格敌右前臂外侧，阻截敌拳攻击。（图1–112）

图1–112

2. 随即，我左脚向前跨进一步。上体右转，迅速将右腿向后撩起，倒踢敌后背，将敌踢倒在地。（图1–113）

图1–113

图1–113附图

# 三十六、正踩踢

1. 敌滑步进身，右拳击打我面部。我迅疾后滑步，上起左手拦格敌右前臂内侧。（图1–114）

图1–114

2. 随即，我身体左旋，两手相合拿敌右腕，同时，右腿提起，用脚掌抵敌胸窝。（图1–115）

图1–115

3. 动作不停，我右腿猛然伸膝蹬劲，踩击敌胸窝，将敌跌出。（图1–116）

图1–116

## 三十七、里合踢

### （一）左踢法

1. 敌滑步进身，右拳击打我面部。我迅疾将左脚向后撤退一步，右手上提，用右前臂外侧拦格敌右前臂外侧。（图1–117）

图1–117

2. 随即，我起左腿，向里内扫敌右肘外侧，将敌臂击落。（图1–118）

图1–118

## （二）右踢法

1. 敌左脚向前跨步进身，左拳击打我面部。我迅疾后滑步，沉身坐马，避过敌左拳攻击。（图1–119）

图1–119

2. 随即，我借沉身蓄势，探身向上，右腿扫踢敌左上臂外侧，创击敌臂。（图1-120）

图1-120

## （三）破腿法

1. 敌滑步进身，右脚向前弹踢我腹部。我迅疾将左脚向后撤退一步，右掌向前拍按敌右脚背。（图1-121）

图1-121

2. 随即，我起左腿向前内撇敌右膝外侧，将敌腿踢击阻截。（图1–122）

图1–122

## 三十八、外摆踢

### （一）破手法

敌进步，左拳向前反背劈击我面部。我迅疾向后挪身之际，猛起左腿向上外摆敌左上臂外侧，将敌拳攻击力化去。（图1–123）

图1–123

### （二）破腿法

敌右脚前移步，左脚向前弹踢我胸部。我迅疾将身一沉，猛起左腿向前上外摆敌左膝外侧，将敌腿攻击力化解。（图1-124）

图1-124

## 三十九、翻身踢

1. 我右脚过步进身，右掌劈击敌面部。敌后滑步，起右掌拦格我右掌背外侧，阻截我攻击。（图1-125）

图1-125

2. 随即，我左掌向前上挑敌右前臂内侧，同时，左脚擦地向前弧形扫踢敌右脚后跟。敌后跳步避过。（图1–126）

图1–126

3. 动作不停，我迅疾将左脚前移步，上体右转，同时右踢，向后上方摆挂敌右侧后脑部，将敌打倒在地。（图1–127）

图1–127

## 四十、顺绞踢

1. 敌滑步进身，右拳反背劈击我面部。我迅疾将左脚向后撤退一步，右臂上架敌右拳，阻截敌拳攻击。（图1-128）

图1-128

2. 随即，我右手背格化敌右拳之际，左脚勾绞敌右脚跟。敌向后跳步避过。（图1-129）

图1-129

图1–130

3. 动作不停，我迅疾再起左腿向前伸膝踹击敌右腹角，将敌踹跌而出。（图1–130）

## 四十一、裙里踢

1. 敌滑步进身，右拳击打我面部。我迅疾将左脚向后撤退一步，收右脚同时，右掌向前接按敌右拳面。（图1–131）

图1–131

2. 随即，我左掌按压敌右前臂外侧，同时，提起左腿，用左脚掌外缘铲（搓）击敌右膝盖外侧，致敌膝骨折。（图1–132）

图1–132

## 四十二、绊马踢

### （一）正截踢

1. 敌左脚向前跨上一步，左拳击打我面部。我迅疾后滑步，左掌上提，用左腕背格敌左腕背，阻截敌拳攻击。（图1–133）

图1–133

2. 随即，我提起右脚向前，用脚跟截击敌左脚膝盖，致敌膝伤折。（图1–134）

图1–134

## （二）截拦踢

敌右脚前移步之际，起左脚向我弹踢时，我迅起右脚，用脚掌截击敌左小腿，使敌攻击失效。（图1–135）

图1–135

## 四十三、扫帚踢

1. 敌滑步进身，右拳击打我面部。我将左脚后撤一步，右手上提，用腕背格挡敌右腕背，阻截敌拳攻击。（图1–136）

图1–136

2. 随即，我右掌外旋阻按敌右拳面，左掌格拦敌右肘部外侧，同时，左脚向前擦地扫踢敌右脚后跟。（图1–137）

图1–137

3. 敌后跳步避过我左脚扫踢。（图1–138）

图1–138

4. 动作不停，我迅疾向右俯身，双手按地，右腿向后擦地扫敌右腿，将敌扫跌而出。（图1–139）

图1–139

## 四十四、虎尾踢

1. 敌滑步进身，右拳击打我面部。我将左脚后撤一步，扬起左掌避过敌拳攻击。（图1–140）

图1–140

2. 随即，我左脚向前勾挂敌右小腿后侧。（图1–141）

图1–141

3. 动作不停，我将勾挂提起的左脚迅疾向前踹出，攻击敌右肋部，将敌击跌而出。（图1–142）

图1–142

## 四十五、窝心踢

1. 敌滑步进身，右拳击打我面部。我迅疾后滑步，沉身坐马，左掌按阻敌右拳面，阻截敌拳攻击。（图1–143）

图1–143

2. 随即，我左脚前移，右腿迅疾收膝入怀之际，向前蹬敌胸窝，将敌踢倒。（图1–144）

图1–144

## 四十六、横扫踢

1. 敌滑步进身，右摆拳横扫我头部。我将左脚后撤一步，沉身坐马避过敌拳锋芒。（图1–145）

图1–145

2. 动作不停，我右脚前移，同时，左腿蹬地而起，向前上横扫敌头部右侧，将敌重创。（图1–146）

图1–146

## 四十七、朝天踢

1. 敌滑步进身，右拳击打我面部。我将左脚后撤一步，右掌上起按抵敌右拳面。（图1–147）

图1–147

2. 动作不停，我迅疾将左脚上翻踢出，用脚掌蹬踢敌右肘。（图1–148）

图1–148

## 四十八、钩镰踢

1. 敌滑步进身，右拳击打我面部。我将左脚后撤一步，右掌上起，拍格敌右腕内侧，化解敌拳攻击。（图1–149）

图1–149

2. 随即，我左掌上起，抓敌右腕，同时，左脚向前勾踢敌右小腿后侧。（图1–150）

图1–150

3. 动作不停，我左腿向前上踢瞬间，迅疾向前踹出，用脚掌踹击敌左膝内侧，致敌膝伤而倒。（图1–151）

图1–151

# 第二章

# 大罗汉手（二十二势）

大罗汉手，动作舒展，劈挂抡转，放长击远，招法连环。

## 一、鹞子翻身势

1. 敌右脚前移步，左脚向前跨步进身，左拳击打我面部。我左脚向后撤退一步，两掌交叉腕向前托敌左腕下侧，阻截敌拳攻击。（图2–1）

图2–1

2. 随即，我右脚内扣，两手架敌左腕，猛然左转身牵带，至左侧之际，迅疾撤手沉身，左腿擦地后扫敌左脚后跟，将敌扫跌而出。（图2–2）

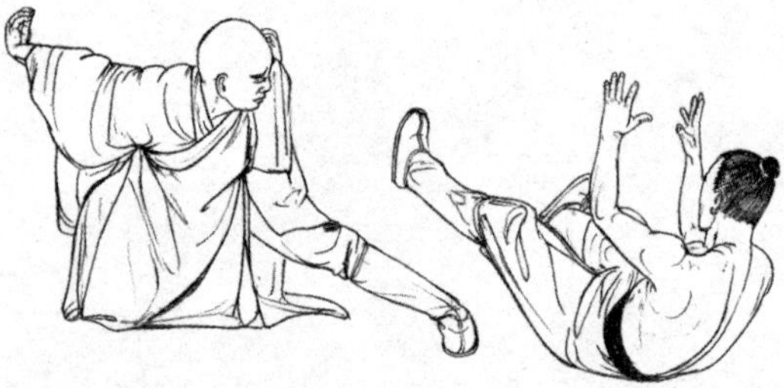

图2–2

## 二、双峰贯耳势

1. 敌滑步进身，双拳向前冲击我胸部。我迅疾后滑步，两掌相交，至胸前向前上提，格于敌两前臂之间，阻截敌拳攻击。（图2-3）

图2-3

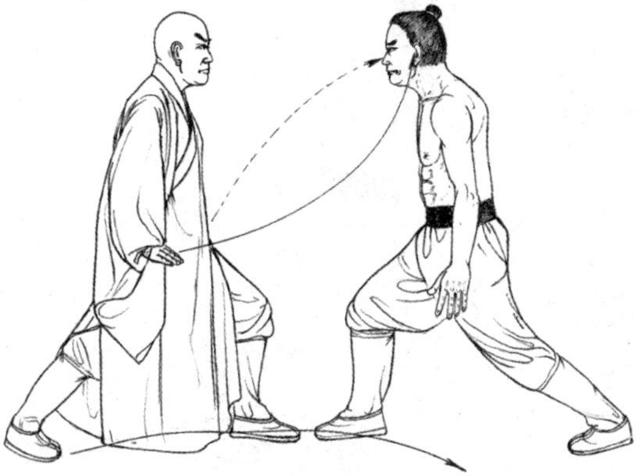

图2-4

2. 我两掌格敌前臂内侧，随即，猛然向左右下侧方抖劲分开，震落敌拳。（图2-4）

3. 动作不停，我迅疾将右脚抢上一步，踏入敌洪门，同时，两掌变拳向前掼击，重创敌左右耳门。（图2-5）

图2-5

## 三、古树盘根势

1. 敌滑步进身，右拳击打我面部。我略后滑步，避敌拳锋芒之际，沉身坐马，同时，左掌向前上挑，虎口侧格敌右前臂内侧。（图2-6）

图2-6

2. 随即，我沉身向前下俯，右掌向前下插，用掌棱砍击敌右膝盖外侧。（图2–7）

图2–7

3. 动作不停，我右掌顺敌右膝外绕，兜敌右膝弯，猛然向前上掀起，将敌掀翻跌出。（图2–8）

图2–8

## 四、双抢手穿势

1. 敌滑步进身，双拳夹击我头部。我迅疾后滑步，沉身坐马，避过敌拳锋芒。（图2-9）

图2-9

图2-10

2. 随即，右脚抢上一步，踏入敌洪门，同时，双掌合并，向前上穿出，用掌尖戳击敌咽喉，将敌击跌而出。（图2-10）

# 五、罗汉观阵势

1. 我主动进攻，两手向前虚晃，右脚跨上一步接近敌时，左膝撞击敌腹部。敌后滑步仰身避过。（图2-11）

图2-11

2. 动作不停，我迅疾落左步，飞出右脚，用脚尖弹踢敌胸口膻中穴，重创敌方。（图2-12）

图2-12

## 六、罗汉端灯势

1. 敌滑步进身，右拳击打我面部。我迅疾后滑步，左脚收步于右脚内侧，蹲膝成丁步，同时，左掌心迎敌右拳面，屈指扣敌拳，阻截敌拳攻击。（图2-13）

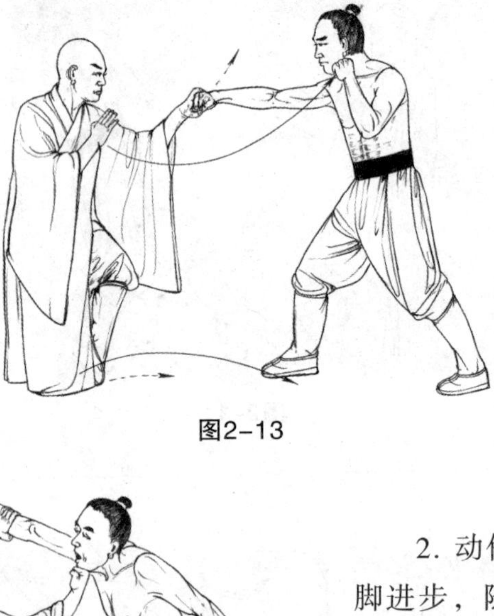

图2-13

图2-14

2. 动作不停，我左脚进步，随即右脚向前跨进一步，落于敌右脚内侧，同时，左手向前上推开敌右拳，右拳向前钩击敌下巴，将敌重创之。（图2-14）

## 七、顺步单鞭势

1. 敌右脚向前一步，突起左腿横踢我头部。我迅疾将右脚退半步，右转体，沉身坐马，同时，两拳上提，用两拳背阻截敌左小腿前侧。（图2-15）

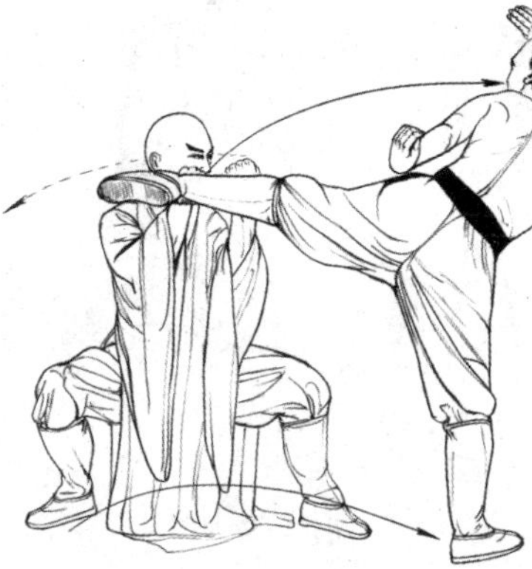

图2-15

2. 动作不停，我双拳猛推敌左腿，随之右脚跨上一步，同时，右拳向前反背劈击敌面部，将其打翻跌出。（图2-16）

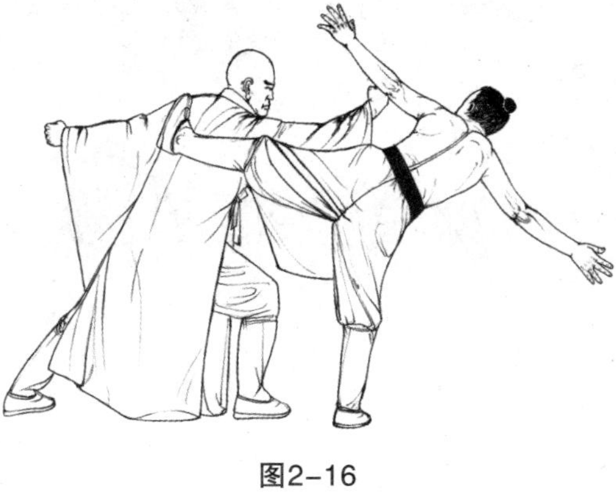

图2-16

## 八、三捶连环势

1. 敌滑步进身，右拳击打我腹部。我迅疾后滑步沉身，左掌向前下按敌右拳背，将敌拳攻击力阻截。（图2-17）

图2-17

图2-18

2. 随即，我左掌向左拦开敌右拳，左脚前移，右拳冲击敌咽喉。（图2-18）

3. 动作不停，我左拳紧跟而出，再度冲击敌咽喉。（图2–19）

图2–19

4. 接着，右拳冲出，击打敌胸部璇玑穴，将敌重创跌出。（图2–20）

图2–20

## 九、小跨虎擒势

1. 敌滑步进身，右拳击打我胸部。我迅疾将左脚向后撤退一步，沉身坐马，右掌上挑，用掌背格挡敌右前臂外侧，阻截敌拳攻击。（图2-21）

图2-21

图2-22

2. 动作不停，我右掌旋腕扣指，抓敌右腕向下旋拧，同时，左脚上步于敌右脚内侧，左臂砸压敌右臂，致敌右臂伤损。（图2-22）

# 十、猛虎出洞势

1. 敌左垫步进身，右弹腿撩踢我裆部。我迅疾右旋身，两腿屈膝下蹲，臀部下坐，同时，两拳下砸敌右脚背及小腿，将敌撩阴腿阻截。（图2–23）

图2–23

2. 动作不停，我左脚前移步，猛然起身左倾，双拳斜身撞击敌咽喉及下巴，将敌打跌而出。（图2–24）

图2–24

## 十一、紫燕双飞势

1. 敌似动非动之际。我右垫步左踹腿，攻击敌胸部。敌后滑步，沉身避过我左腿踹击。（图2-25）

图2-25

图2-26

2. 动作不停，我左脚向前落步，同时，左掌弧形下落向前上挥击敌下颌。随即顺着敌仰身，左掌旋腕前推，用掌根震击敌喉下天突穴，将敌打翻于地。（图2-26）

# 十二、手挥琵琶势

1. 敌左垫步进身，右踹腿攻击我左膝盖。我迅疾腿右步，收提左膝避过敌踹腿。（图2-27）

图2-27

2. 随即，趁敌收腿之际，我左脚向前跨落步，右腿蹬伸送力，同时，双掌向左前挥出，左掌向前切敌咽喉，右掌靠击敌腹部，将敌跌翻而出。（图2-28）

图2-28

## 十三、霸王开弓势

1. 敌右脚前移步，左脚向前跨步进身，左拳击打我面部。我迅疾收左步，右脚向右外侧闪跨步，同时，右掌向前、向左拦敌左前臂外侧，阻截敌拳攻击。（图2-29）

图2-29

图2-30

2. 动作不停，我左掌向前插出，击敌左肋后侧。（图2-30）

## 十四、罗汉观景势

1. 敌右脚前移步，左脚跨步进身，左拳击打我面部。我迅疾后滑步，避敌拳锋芒之际，右偏身左转，右掌砍击敌左前臂外侧，阻截敌拳攻击。（图2-31）

图2-31

2. 动作不停，我右脚向敌左侧身后上步，左膝略跪，同时，左掌用掌根自右向前砍击敌腰部命门穴。（图2-32）

图2-32

## 十五、撩手推山势

1. 敌右脚上步，右转体之际，左踹腿攻击我胸部。我后滑步，避敌腿锋芒之际，右掌斜砍敌左小腿承山穴。（图2–33）

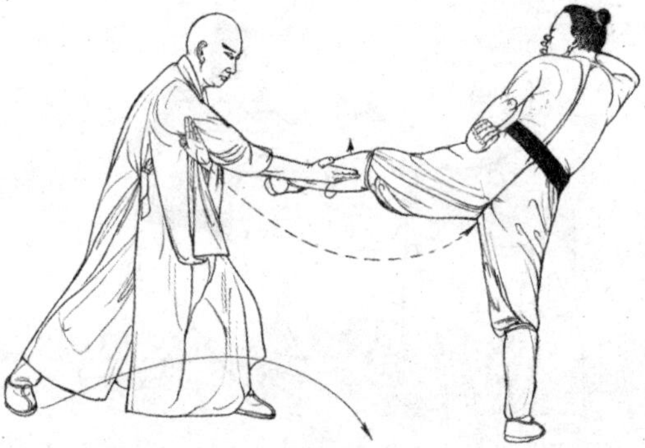

图2–33

图2–34

2. 随即，我右脚跨上一步，沉身成扭步，同时，右手翻转托敌左小腿，左手向前撩抓敌裆部。（图2–34）

3. 动作不停，左腿蹬伸，右脚前移步，右掌前推敌胸部，左掌震击敌裆部，将敌跌放而出。（图2-35）

图2-35

## 十六、飞龙折身势

1. 敌滑步进身，右拳击打我面部。我迅疾将左脚向后撤退一大步，双拳上提相并，用拳面阻截敌左拳面，阻截敌拳攻击。（图2-36）

图2-36

2. 动作不停，我双拳猛下下收，同时，飞起左腿，以脚尖为力点，弹踢敌胸部膻中穴，将敌重创之。（图2–37）

图2–37

## 十七、罗汉睡觉势

1. 敌左垫步进身，右弹腿踢击我胸腹部。我迅疾左盖步，屈膝盘坐同时，右倾身侧卧，右拳面支右耳部，右肘拄地，避过敌腿踢击。（图2–38）

图2–38

2. 敌一脚踢空，左转身向左落步换势。我迅疾右转身立起，双掌插击敌腰部肾腧穴。（图2-39）

图2-39

3. 动作不停，我双掌猛屈指抖击，用拳第一节指骨震击敌腰部穴位，将敌重创跌出。（图2-40）

图2-40

## 十八、推掌扳拦势

1. 敌滑步进身，右拳击打我胸部。我左脚向后撤退一步，右掌虎口侧向左横打敌右前臂内侧，右腿屈膝提悬，左腿屈膝半蹲。（图2-41）

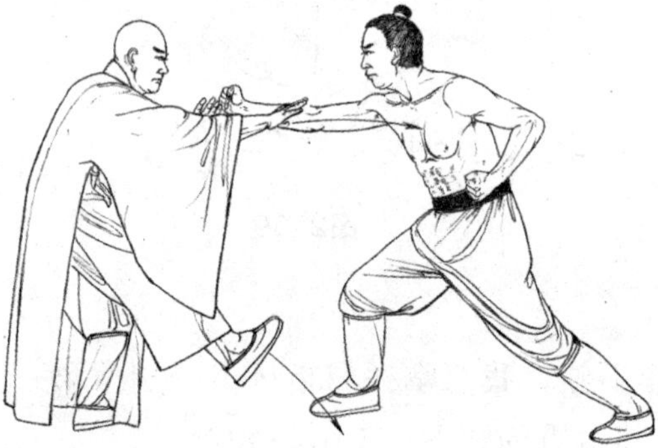

图2-41

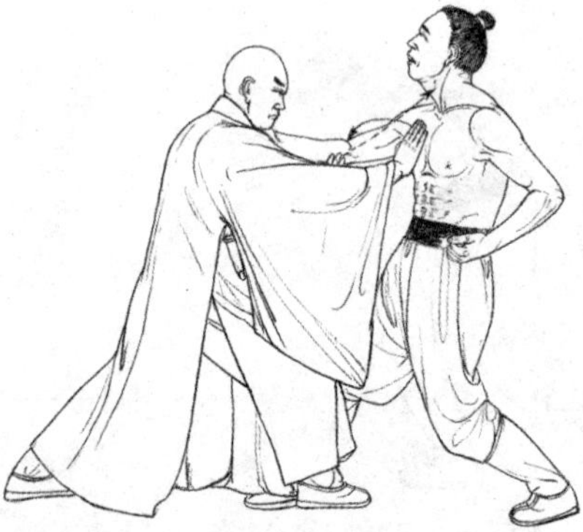

图2-42

2. 随即，我右脚向前落步，左腿蹬伸，同时，右掌顺着敌右臂内侧向前推出，震击敌胸部。（图2-42）

3. 动作不停，我右掌向左下按敌右臂，同时，左掌前穿，掌尖戳击敌咽喉。（图2-43）

图2-43

## 十九、旋风飞脚势

1. 我主动进攻，左脚前移步，右腿鞭踢敌左肋之际，敌右脚退步，跪膝沉身避过。（图2-44）

图2-44

2. 随即，我右脚向左落步，左旋身，左脚经左后撩踢敌面部。敌左脚退步仰身，再次避过我腿击。（图2–45）

图2–45

3. 动作不停，我左腿略收，右脚蹬地腾身而起，横扫踢敌头部，将敌踢仆而出。（图2–46）

图2–46

# 二十、云手仆步势

1. 敌左脚跨前一步，右脚钩踢我左脚跟部。我迅疾重心右移，左腿屈膝提起避过敌腿钩踢。（图2-47）

图2-47

2. 动作不停，我左脚落步之际，右垫步，左脚向前擦地铲出，左脚掌缘铲敌左脚掌内弓，同时，左掌斜切敌左小腿，将敌击跌之。（图2-48）

图2-48

## 二十一、二起飞脚势

1. 我主动进攻，右垫步冲身，左脚向前弹踢敌胸部。敌后滑步仰身避过。（图2-49）

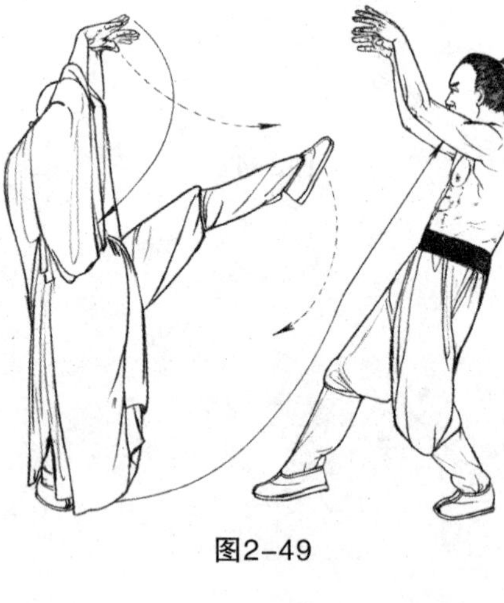

图2-49

2. 动作不停，我左脚向前按落之际，右脚蹬地腾身，向前飞踢敌咽喉，将敌踢飞而出。（图2-50）

图2-50

## 二十二、罗汉行礼势

1. 敌滑步进身，右拳击打我面部。我后滑步，双掌向左前上提，用左前臂外侧拦格敌右前臂内侧，右掌按自己左前臂内侧，并向外化力，阻截敌拳攻击。（图2-51）

图2-51

2. 随即，我左脚前移步，左臂格敌右臂外裹力，同时，右掌前伸，斜砍敌右颈侧。（图2-52）

图2-52

3. 接着，我右掌钩腕扳敌颈部向下拉按，提右膝撞击敌腹部。（图2-53）

图2-53

4. 动作不停，我猛然将右脚尖弹踢敌裆部，重创敌使之跌出。（图2–54）

图2–54

# 第三章

# 巧罗汉手（十八势）

巧罗汉手，风格独特，柔化刚发，招法细腻，灵活巧妙。

因其为十八势，又被门内称为“罗汉巧手十八打”。

## 一、抽身点肋势

1. 敌滑步进身，右拳击打我面部。我迅疾后滑步，沉身坐马，右掌上挑，格敌右前臂外侧，阻截敌拳攻击。（图3-1）

图3-1

图3-2

2. 随即，我右脚后移步，右旋身，沉身坐马的同时，右掌贴敌左臂向右牵移。（图3-2）

图3–3

3. 动作不停，我右腿蹬伸前送，左掌前穿，掌尖戳击敌右肋章门穴。（图3–3）

## 二、金钩挂环势

1. 敌滑步进身，右拳击打我面部。我旋即右侧身，右手接敌右腕，左脚前移绊敌右脚跟。（图3–4）

图3–4

2. 随即，我右手牵拉敌右臂，同时，左摆拳横击敌后脑。（图3–5）

图3–5

3. 动作不停，我左脚向左外后侧撤退一步，右脚上步于敌右脚外侧，右转身，右手牵带，将敌牵跌而出。（图3–6）

图3–6

# 三、金鸡抖翎势

1. 敌右脚前移步，左脚向前跨上一步，右拳击打我面部。我左偏身之际，左掌向前上旋格敌右前臂外侧，迅疾右旋身向右旋划劲。（图3-7）

图3-7

2. 动作不停，我左掌向右旋推，迅疾左转，右拳向前下插击敌小腹，将敌打跌而出。（图3-8）

图3-8

## 四、罗汉推门势

1. 我右脚向前跨步进身，以右掌掌棱推击敌面部。敌后滑步，沉身坐马，右掌上挑，用右腕挑格我右前臂外侧，阻截敌我攻击。（图3-9）

图3-9

图3-10

2. 随即，我左脚向前跨上一步，体略右转，两掌同时发力向敌右肩推击。敌后撤右脚挪身，避过我掌劲。（图3-10）

3. 动作不停，我右脚抢步跨进，双掌抖劲发力推敌胸部，将其推跌而出。（图3-11）

图3-11

## 五、金蝉脱壳势

1. 敌滑步进身，右拳击打我胸部。我迅疾后滑步，沉身坐马，左脚略收成左虚步，同时，右掌上起，用前臂外侧格敌右腕背外侧，阻截敌拳攻击。（图3-12）

图3-12

2. 随即，我右臂旋滚上架敌右臂，同时，左脚前移步于敌右脚内侧，左掌向敌裆部下插。（图3-13）

图3-13

3. 动作不停，我右掌旋腕扣指，抓敌右腕，并向右下侧拽拉，同时，右掌穿过敌裆部，用臂上兜，将敌扛于肩背向右摔出。（图3-14）

图3-14

## 六、摘捶勒打势

1. 我滑步进身，右拳击打敌面部。敌右手接住我右拳，左掌托我右上臂，欲反制我。（图3-15）

图3-15

2. 我迅疾将右脚跨上一步，落于敌左腿后侧方，同时，右臂屈肘向前横击敌左腋后侧。（图3-16）

图3-16

3. 动作不停，我右肘震劲发力，将敌撞跌而出。（图3-17）

图3-17

## 七、倒背金人势

1. 敌滑步进身，右拳击打我胸部。我后滑步之际，左脚向后撤退一步，同时，左掌格敌右拳背，右掌前托敌右上臂近腋部。（图3-18）

图3-18

2. 随即，我右手经敌右臂外侧回收，与左手一起抱抓敌右腕臂，同时，左转身，将敌右臂扛在右肩上。（图3-19）

图3-19

3. 动作不停，我迅速俯身拱臀，将敌过肩摔跌而出。（图3-20）

图3-20

## 八、箭射连珠势

1. 我右脚向前跨步进身，右掌推击敌面部。敌后滑步避躲我右掌，同时左掌拍格我右掌腕外侧，化解我掌劲。（图3-21）

图3-21

图3-22

2. 随即，左脚追击步，左拳冲击敌咽喉。敌右脚撤退一步，起右臂裹格我左前臂外侧，再次阻截我攻击。（图3-22）

3．接着，我右脚抢上一步，右拳冲击敌胸部。敌吞胸以避。（图3–23）

图3–23

4. 动作不停，我左拳紧跟而出，击打在敌咽喉上。（图3–24）

图3–24

## 九、斜身双掖势

1. 敌左跨步进身，右拳击打我面部。我迅疾将左脚向后撤退一大步，沉身避过敌拳，同时，我右掌上起，掌背反拍敌右上臂外侧。（图3-25）

图3-25

图3-26

2. 随即，我左脚跨上一步，右肘上翻，用右前臂格托敌右臂，同时，左掌斜砍敌右腹角。（图3-26）

3. 动作不停，我右掌下砍敌右腹角，左掌尖插击敌右臀环跳穴。（图3-27）

图3-27

## 十、携肩搜肚势

1. 敌滑步进身，左掌劈击我头面部。我左偏身，将左脚踏入敌右脚外后侧，避过敌左掌锋芒之际，右手抓敌右腕。（图3-28）

图3-28

2. 随即，我猛然右转身，右手拽敌右腕向右后侧猛拉，左拳钩击敌右肋部。（图3–29）

图3–29

3. 动作不停，我左手下伸，向上捞敌右腿，向右掀，将敌摔出。（图3–30）

图3–30

# 十一、腰刀削肋势

1. 敌滑步进身，右拳击打我面部。我迅疾将左脚向后撤退一大步，右脚略收，沉身坐马吞身，同时，左掌上起，掌棱格敌右前臂内侧，阻截敌拳攻击。（图3–31）

图3–31

图3–32

2. 随即，我左掌旋腕格压敌右前臂，同时，右脚前移，右掌砍击敌右肋。（图3–32）

3. 动作不停，我左掌扣指抓敌右臂向前推，同时，左脚向前弧形上步于敌身后，右转身之际，右掌再度砍击敌右肋。（图3-33）

图3-33

## 十二、转身旋掌势

1. 敌滑步进身，左掌反背掌劈击我面部。我将左脚向后撤退一步，沉身坐马，左掌向前上推，用掌棱格敌左前臂外侧，向外化劲，阻截敌掌攻击。（图3-34）

图3-34

2. 随即，我左掌向下压，右肘向前横击敌左腋后侧。（图3-35）

图3-35

3. 动作不停，我右掌向下反拍敌裆部，致敌翻跌而出。（图3-36）

图3-36

## 十三、挂腿钩挑势

1. 敌左脚跨上一步，左拳击打我面部。我后滑步沉身坐马，同时，左手上划，掌棱格阻敌左前臂外侧，拳敌翻攻击力化解。（图3–37）

图3–37

图3–38

2. 随即，我左掌旋腕，扣指抓敌左腕，右脚钩踢敌左脚跟，同时，右掌按敌左肩膀。（图3–38）

3. 动作不停，我右脚钩敌左小腿猛向左上踢，右掌按敌左肩膀向右下甩按，将敌摔跌而出。（图3-39）

图3-39

## 十四、挎肘撅臂势

1. 敌滑步进身，右拳击打我面部。我迅疾后滑步，沉身坐马，左掌向前上划弧，拦格敌右腕内侧。（图3-40）

图3-40

2. 随即，我左掌外旋，扣指抓敌右腕，同时，我右脚上步于敌右脚内侧，右拳向前上提，过敌右臂外侧，用右肘弯内侧兜提敌右臂肘。（图3-41）

图3-41

3. 动作不停，我不论是否兜伤敌右臂，迅疾沉身，右拳变掌向前下反削敌腰部，将敌跌发而出。（图3-42）

图3-42

# 十五、顺水推舟势

1. 敌滑步进身，右拳冲击我面部。我后滑步，沉身坐马，同时，右掌前上挑，用右前臂格敌右前臂外侧，阻截敌拳攻击。（图3–43）

图3–43

2. 随即，我右掌贴敌臂向右下外旋压，同时，左掌向前劈敌右肩。（图3–44）

图3–44

3. 动作不停，我迅疾将右脚跨步踏入敌洪门，同时，左掌按压敌右上臂，右掌前伸，锁敌咽喉。（图3-45）

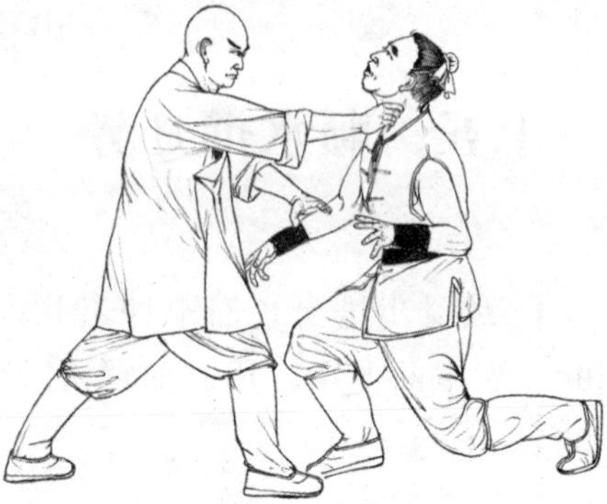

图3-45

## 十六、架梁炮打势

1. 敌滑步进身，右拳击打我面部。我迅疾后滑步，沉身坐马，左拳上提顶敌右肘部，化解敌拳攻击力。（图3-46）

图3-46

2. 随即，我右拳冲击敌胸窝。（图3–47）

图3–47

3. 动作不停，我身体右转，沉身坐马，右拳上架，左拳冲击敌腹部，将敌打跌而出。（图3–48）

图3–48

## 十七、武僧敲钟势

1. 敌滑步进身，右拳击打我胸部。我后滑步，两拳护于胸前，左裹臂格敌右前臂外侧，阻截敌拳攻击。（图3-49）

图3-49

2. 随即，我左拳向内压敌右前臂，右拳向前反背敲击敌面部。（图3-50）

图3-50

3. 动作不停，我左拳紧跟而出，反背击打敌鼻梁，将敌重创之。（图3-51）

图3-51

# 十八、披身打捶势

1. 敌滑步进身，右拳击打我面部。我后滑步避过敌拳锋芒之际，左拳向前上抛，拦格于敌右腕部内侧。（图3–52）

图3–52

2. 随即，我左转身，左拳压敌右腕，扣敌抓拿，同时，右拳劈击敌面部。（图3–53）

图3–53

3. 动作不停，我右拳上提，同时，左拳向前顶击敌右颌部，将敌打跌而出。（图3–54）

图3–54

# 第四章

# 猛罗汉手（二十八势）

猛罗汉手，拳脚并用，多用腿击，力大势猛，攻击性强，是罗汉拳重要的实战招法。

## 一、窝心撞捶势

1. 敌滑步进身，右拳击打我面部。我旋即后滑步，避敌拳锋芒之际，左拳上挑，用左前臂格挡敌右前臂内侧，将敌拳化于左侧方。（图4-1）

图4-1

图4-2

2. 动作不停，我左臂压敌右前臂，右脚上步于敌右脚内侧，蹲身同时，右拳自下向前上撞击敌心窝鸠尾穴。（图4-2）

## 二、罗汉伏虎势

1. 我主动进攻，左脚前趋步，右脚撩踢敌小腹。敌后滑步，吞腹藏裆之际，右掌向前下拦我右脚踝外侧，阻截我撩踢。（图4–3）

图4–3

2. 动作不停，我迅疾右落步，屈膝全蹲，同时，上体左转，两手按于左脚后侧地面，左腿伸膝向后擦地扫出，用左脚后跟部扫击敌右脚跟内侧，将敌扫仆于地。（图4–4）

图4–4

## 三、罗汉抱印势

1. 敌左脚向前跨上一步，右脚蹬击我小腹。我迅疾后滑步，沉身坐马，右侧身，两臂屈肘，用两前臂推阻敌右小腿外侧，将敌腿推过一边。（图4–5）

图4–5

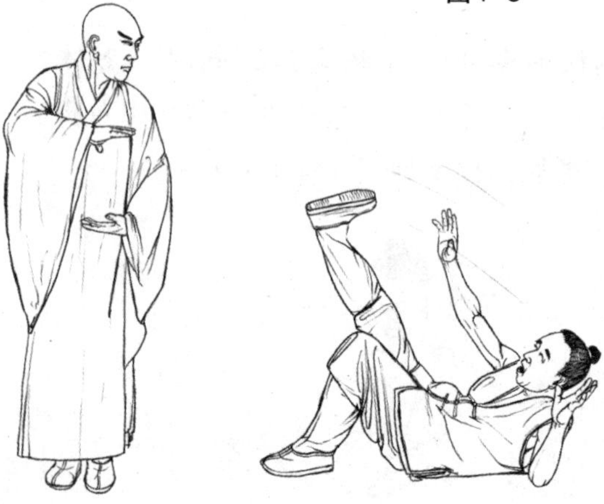

图4–6

2. 动作不停，我两臂一抖劲，右脚收步于左脚内侧，立身而起，两掌推击敌胸部，将其击跌而出。（图4–6）

# 四、搂手冲捶势

1. 敌上右步，右冲拳击打我面部。我左手接敌之际，速出右拳击敌右颌。（图4–7）

图4–7

2. 动作不停，我右拳一收，右脚迅疾弹踢而出，以脚尖为力点踢击敌胸窝膻中穴。（图4–8）

图4–8

## 五、罗汉通臂势

1. 敌左脚跨上一步之际，左旋身，右脚铲击我左膝。我迅疾退右步，左腿屈膝提起，避过敌右脚。（图4-9）

图4-9

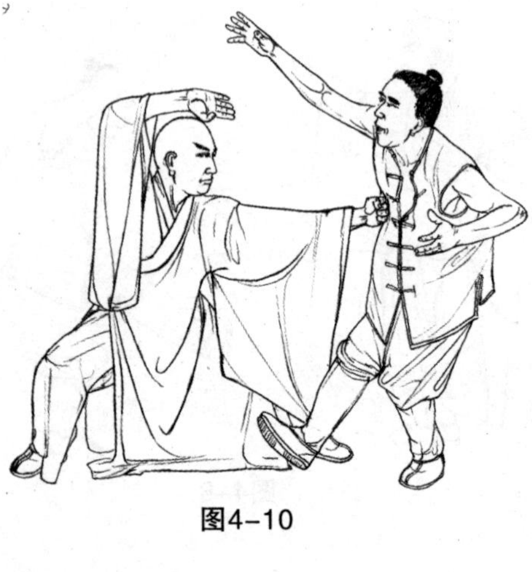

图4-10

2. 随即，我左脚向前落步进身，右掌向前上划架掌，虚晃敌，同时，左拳冲击敌右肋，将敌打跌而出。（图4-10）

# 六、刀劈华山势

1. 我滑步进身，右掌劈击敌头面部。敌后滑步之际，两手腕交叉，向上托我右腕，阻截我右掌攻击。（图4-11）

图4-11

2. 动作不停，我身体左转之际，右掌向右外划开，同时，右腿提起，踹击敌胸部，将敌踹出。（图4-12）

图4-12

## 七、退步化影势

1. 敌滑步进身，右拳击打我胸部。我略后滑步之际，左侧身，右掌推击敌右臂近肘弯内侧。（图4-13）

图4-13

2. 随即，敌左脚抢步上前，左拳冲击我面部。我左脚迅疾撤退一步，左掌前挑，用掌棱格敌左前臂外侧。（图4–14）

图4–14

3. 动作不停，我左掌旋腕扣指，抓敌左腕，同时，右脚上步于敌左脚内侧，左转身，右掌推按敌左上臂外侧，配合左手拽拉，将敌向左后侧方摔跌而出。（图4–15）

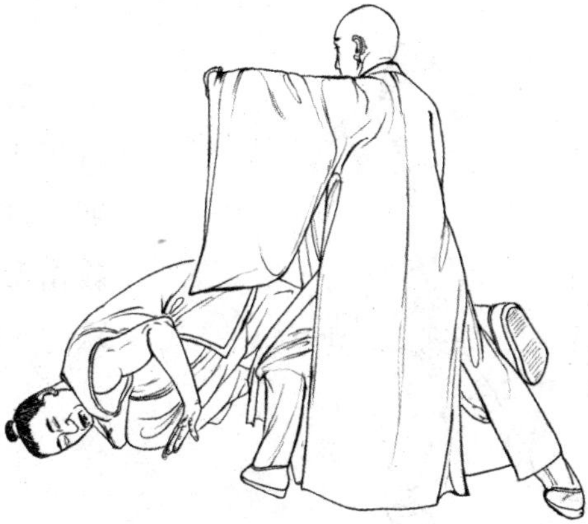

图4–15

## 八、栽捶击裆势

1. 敌滑步进身，右拳击打我面部。我后滑步，避敌拳锋芒之际，左掌向前上托敌右肘，阻截敌拳攻击。（图4–16）

图4–16

图4–17

2. 动作不停，我右脚上步于敌左脚内侧，随即蹲身，右拳栽击敌裆部，将敌击跌。（图4–17）

# 九、虎尾脚踢势

1. 敌左脚盖步进身，右腿横扫我头部。我迅疾左盖步，俯胸向左后回身，避过敌右腿扫击。（图4-18）

图4-18

2. 动作不停，我趁敌收腿变势之际，左脚迅疾踹出，攻击敌咽喉，将敌踹跌而出。（图4-19）

图4-19

## 十、劈挂腿踢势

1. 我主动进攻，左脚向前纵步，右脚向前上踢敌下颌。敌后滑步仰身避过。（图4-20）

图4-20

图4-21

2. 动作不停，我迅疾将踢出的右腿向前劈下，以脚后跟为力点劈击敌胸部，将敌重创跌出。（图4-21）

## 十一、霸王开弓势

1. 我右脚向前跨进一步，脚跟蹬地，同时右掌劈向敌面部。敌后滑步之际，上起右掌用掌背格我右腕背，阻截我攻击。（图4-22）

图4-22

2. 随即，我右掌向下回收至右肩处，左脚向前跨上一步，落于敌右腿侧后方，沉身坐马，同时，右拳冲击敌右乳根穴，将敌重创跌出。（图4-23）

图4-23

## 十二、金刚捣臼势

1. 我滑步进身，沉身扭步，同时，右钩手钩击敌左脚踝。敌右脚后撤一步，左腿提膝避过我钩击。（图4-24）

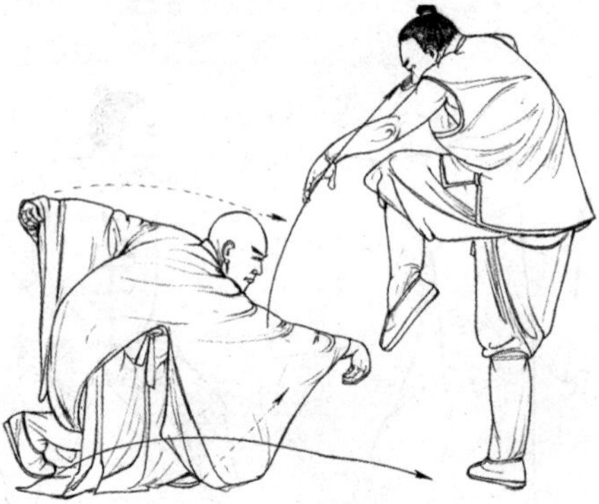

图4-24

图4-25

2. 动作不停，我起身，右脚向前跨上一大步，左侧身之际，左腿屈膝提起，右臂屈肘顶击敌面部，将敌撞跌而出。（图4-25）

## 十三、狮子抖毛势

1. 敌左垫步进身，右脚钩踢我左脚后跟。我迅疾将左脚屈膝提起，避过敌右脚钩踢。（图4-26）

图4-26

2. 接着，我趁敌收右脚之际，左脚落步，右脚向右前斜上方一步，同时，左拳冲击敌面部。（图4-27）

图4-27

3. 动作不停，我右拳紧跟着冲出，击打敌右腋部，将敌重创。（图4-28）

图4-28

## 十四、黑虎掏心势

1. 我右脚跨步进身，右拳钩击敌胸部。敌后滑步，收腹含胸，双掌向前按我右拳。（图4-29）

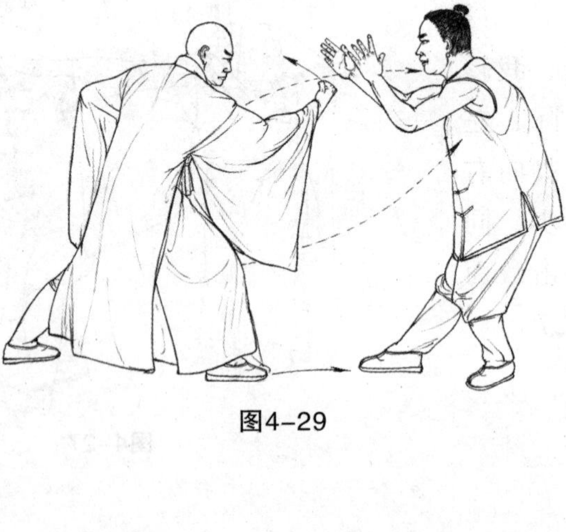

图4-29

2. 随即，我右脚前移步，左腿屈膝前提撞击敌胸部，同时，左掌推击敌面部，将敌击跌而出。（图4-30）

图4-30

## 十五、凤凰夺窝势

1. 我滑步进身，左掌前刺敌咽喉。敌后滑步，坐左腿，上钩右拳避过我左掌攻击。（图4-31）

图4-31

2. 动作不停，我左移步，提起右腿，用脚跟蹬击敌小腹，将敌蹬跌而出。（图4-32）

图4-32

## 十六、穿心顶肘势

1. 我右脚跨上一大步，右肘向前压击敌胸腹部。敌后滑步，仰身避过。（图4-33）

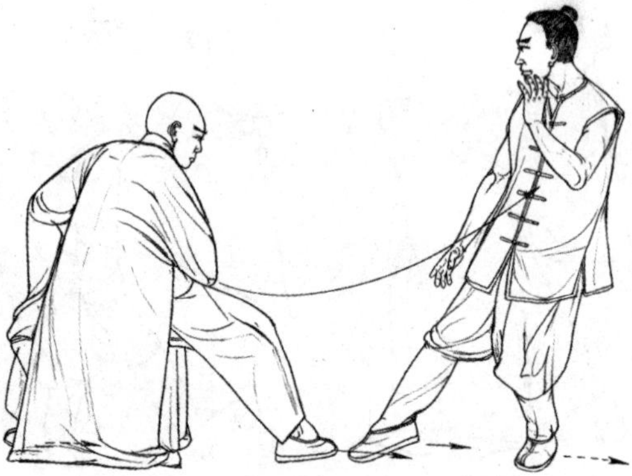

图4-33

2. 随即，我滑步冲刺向前，右肘向前顶出，用肘尖撞击敌胸窝。（图4–34）

图4–34

3. 动作不停，我左脚跨上一步，右转体之际，左肘再度顶击敌胸窝，将敌击跌而出。（图4–35）

图4–35

## 十七、追风炮打势

1. 我右脚跨步进身，右掌穿击敌咽喉。敌后滑步吞身，双臂屈肘提拳，避过我右掌攻击。（图4-36）

图4-36

图4-37

2. 随即，我向前滑步进身，左拳冲击敌胸窝。（图4-37）

3. 动作不停，左脚上步于右脚内侧，成并步正身直立，同时，右拳冲击敌下巴，将敌打跌而出。（图4-38）

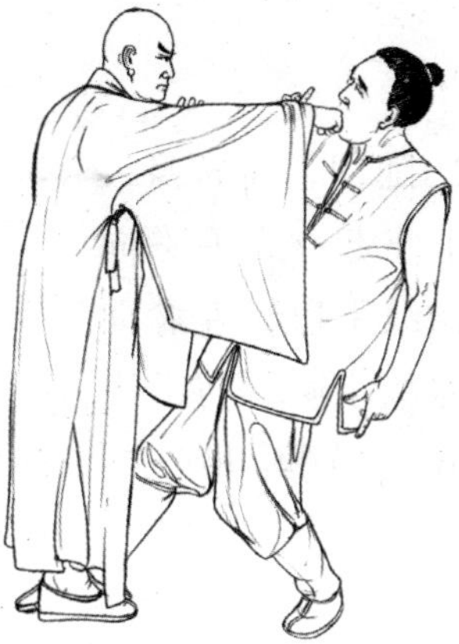

图4-38

## 十八、金鸡独立势

1. 敌右脚前移步，左腿向前横扫我左大腿内侧。我迅疾右转体，左腿跪膝，同时，左前臂向前下格阻敌左脚踝内侧，阻截敌腿攻击。（图4-39）

图4-39

2. 随即，左转身，右脚上步起立，左拳向前上钩敌下巴，左膝向前上撞敌小腹，将敌重创跌出。（图4-40）

图4-40

## 十九、追蛇入洞势

1. 我滑步进身，右膝前跪沉身，左拳冲击敌裆部。敌左脚后退一步，右腿屈膝提起，避过我左拳攻击。（图4-41）

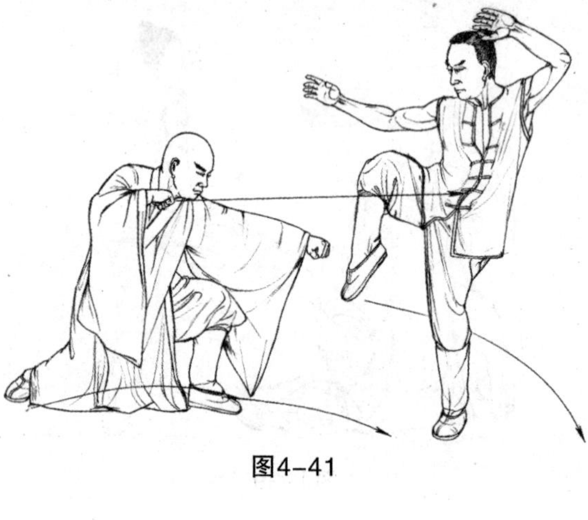

图4-41

2. 随即，我右脚向前跨上一大步，右拳冲击敌裆部。敌右脚向后退落一步，收腹藏裆，避过我右拳。（图4-42）

图4-42

3. 动作不停，我右转体之际，左脚踹击敌胸部，将敌重创跌出。（图4-43）

图4-43

## 二十、二起飞脚势

1. 敌滑步进身，右摆拳横扫我头部。我迅疾将左脚收步于右脚内侧，屈膝下蹲，避过敌拳攻击。（图4-44）

图4-44

图4-45

2. 随即，我借下沉身蓄势，猛起身将左脚向上弹踢敌下颌。（图4-45）

3．动作不停，我左脚向前踏落，速起右脚向前弹踢敌面部。以两次重踢而重创敌。（图4-46）

图4-46

## 二十一、大蛇盘窝势

1. 敌滑步进身，右拳击打我面部。我迅疾向右倾身，双掌按于地面，右脚蹬敌右小腿前胫，左脚屈膝收于右小腿内侧。（图4-47）

图4-47

2. 随即，我左脚向内收落步，同时，右脚内收擦地向后旋扫敌左后腿，将敌扫跌翻倒。（图4-48）

图4-48

## 二十二、海底捞月势

1. 敌滑步进身，右拳击打我面部。我右脚向后退步，上体前俯，左偏身避敌拳击，同时，右掌向前下伸于敌右小腿外侧。（图4-49）

图4-49

2. 动作不停，我旋转右掌，捞敌右脚跟向右上抬起，沉身坐马，将敌掀翻而出。（图4–50）

图4–50

## 二十三、双龙出洞势

1. 我左脚向前刺步，右脚向前撩踢敌裆部。敌后滑步，收腹藏裆避过我撩阴脚。（图4–51）

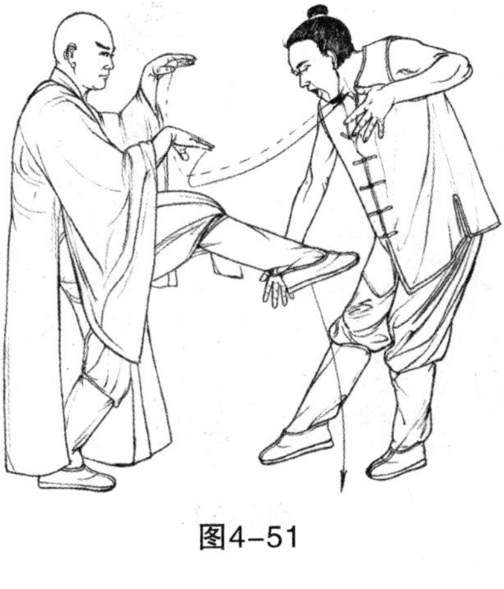

图4–51

2. 动作不停，我右脚向前踏落，同时，两掌双并，向前穿出，戳击敌咽喉，将敌重创。（图4–52）

图4–52

## 二十四、罗汉下山势

1. 敌滑步进身，右拳击打我面部。我右脚略退步，收提左脚向前下铲敌右脚背踝内前侧。（图4–53）

图4–53

2. 随即，右腿蹬伸，左拳变爪，向前上托敌胸部。敌猛力向后退步，吞身避过我托爪。（图4-54）

图4-54

3. 动作不停，我左脚前移步，右脚迅疾向前上弹踢敌胸窝，将敌踢跌而出。（图4-55）

图4-55

## 二十五、双星坠底势

1. 我右脚过步，左掌向前穿敌咽喉。敌后滑步，起右掌拍格我左腕，阻截我左掌攻击。（图4-56）

图4-56

图4-57

2. 动作不停，我左脚向前上进一步，右脚跟步于左脚内侧，并步前蹲，同时，两掌变拳向前下冲击敌腹部，将敌重创跌出。（图4-57）

## 二十六、拦腰双撅势

1. 敌右脚前移步，左脚向前跨上一大步，左拳击打我面部。我迅疾将左脚向后收退一步，沉身坐马，将两拳手护于胸前，避过敌拳攻击。（图4-58）

图4-58

2. 动作不停，我左脚垫步，右脚向前上步于敌左脚后侧方，同时，两拳变掌，向前斜切敌胸部，并向右斜拦，将敌跌翻于地。（图4-59）

图4-59

## 二十七、顺手踢脚势

1. 我右脚过步上前，右掌前穿，戳击敌咽喉。（图4-60）

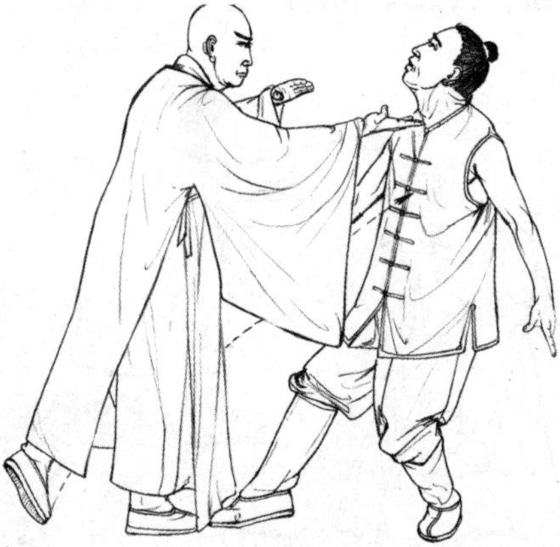

图4-60

图4-61

2. 动作不停，我右转体，提起左脚，踹击敌胸部，将敌踹跌而出。（图4-61）

## 二十八、反手甩捶势

1. 我滑步进身，右臂屈肘撞击敌面部。敌右脚向后撤退一步，起双掌推阻我右肘，阻截我右肘攻击。（图4-62）

图4-62

2. 动作不停，我右拳反背而出，击打敌面部右侧，将敌打翻跌出。（图4-63）

图4-63